1. Hinführung

Individuelle Stärken auszubauen und individuelle Schwächen zu verringern, ist das Ziel des differenzierenden Unterrichts. Jede Schülerin und jeder Schüler soll zumindest ein bestimmtes Maß an Wissen und Können, ein Fundamentum, erwerben. Darin besteht der Anspruch der Differenzierung.

Lateinunterricht an der Gesamtschule

Die Herausforderung des Lateinunterrichts an Gesamtschulen[1] besteht darin, in einer Lerngruppe unterschiedliche Lerncurricula zu verfolgen, die entweder zum Hauptschulabschluss, zum Realschulabschluss[2] oder zum Abitur führen. Es muss also gleichzeitig auf drei unterschiedliche Fundamenta hingearbeitet werden. Dabei ist nicht von Anbeginn klar, welche Schülerin oder welcher Schüler welchen Abschluss erlangen kann.

Im alltäglichen Unterricht der Gesamtschule stellt die Divergenz der Curricula eine große Herausforderung dar. Diese ist auf allen Feldern des Lateinunterrichts spürbar, besonders aber dann, wenn es um den Kern des Faches geht: um das Übersetzen. Die Lehrbücher bieten in der Regel einen zentralen und zusammenhängenden Lektionstext an, der von allen übersetzt werden muss; der Text ist dabei auf das gymnasiale Niveau hin ausgerichtet.

Differenziert übersetzen

Das vorliegende Heft widmet sich der Aufgabe, den Übersetzungsunterricht an Gesamtschulen einfacher und zielgerichteter zu gestalten. Es soll möglich werden, dass alle Schülerinnen und Schüler gemeinsam an einem Text arbeiten und dabei erfolgreich sind, ohne über- oder unterfordert zu werden.

Dazu wurden für dieses Heft die Lektionstexte des Lehrbuchs  so aufbereitet, dass im Unterricht parallel auf drei Anforderungsebenen gearbeitet werden kann:

- **Anforderungsebene A:** Der jeweilige Lektionstext ist *sub linea* mit vielen Lösungen versehen. So ist ein deutscher Lückentext entstanden. Dieser kann von Schülerinnen und Schülern, die den Hauptschulabschluss erreichen werden, erfolgreich zu Ende übersetzt werden.
- **Anforderungsebene B:** Der jeweilige Lektionstext ist *sub linea* mit einigen Lösungen versehen. Dieser anspruchsvollere Lückentext kann von Schülerinnen und Schülern, die den Realschulabschluss erreichen werden, erfolgreich zu Ende übersetzt werden.
- **Anforderungsebene C:** Schülerinnen und Schüler, die auf gymnasialem Niveau arbeiten können, übersetzen den unveränderten Lektionstext.

Der Anspruch besteht nicht darin, Schülerinnen und Schüler, die auf den Ebenen A und B arbeiten, auf Ebene C zu heben. Ein für alle gültiges Mindestlernniveau muss nicht erreicht werden. Wäre dies das Ziel, so müssten die vereinfachten Texte so aufbereitet sein, dass sie Wege zum nächsthöheren Niveau bahnen: Sie müssten Impulse und Hilfen geben, um fehlendes Wissen aufzuarbeiten.

Die Aufbereitung der Texte erfolgt in diesem Heft unter einem anderen Gesichtspunkt: Es werden umstandslos Lösungen geboten. Wer einem anderen als dem gymnasialen Curriculum folgt, erhält fertige Übersetzungsbausteine, die direkt genutzt werden können. Es soll möglich sein, dauerhaft auf einem einfacheren Niveau erfolgreich zu übersetzen.

---

[1] Der Begriff wird hier und im Folgenden der Einfachheit halber für alle Schulformen verwendet, an denen Schülerinnen und Schüler in einem Klassenverband auf unterschiedliche Abschlüsse hinarbeiten.

[2] Auch wenn diese Bezeichnungen nicht mehr in allen Bundesländern üblich sind, sollen sie hier verwendet werden, um die beiden Schulabschlüsse in der Sekundarstufe I zu bezeichnen.

Differenzierung durch Lückentexte

Wenn Schülerinnen und Schüler auf den Anspruchsebenen A und B arbeiten, dann helfen ihnen vorgefertigte Lösungsbausteine dabei, den jeweiligen Satz zu übersetzen. Der Anspruch sinkt dadurch spürbar. Dennoch ist der verbleibende Anspruch nicht gering: Die Schülerinnen und Schüler müssen

• die Vorgaben am lateinischen Text nachvollziehen,
• das Fehlende im lateinischen Text ausfindig machen und
• es passend in die Lücken einfügen.

Die Arbeit mit Lückentexten bringt außerdem den Vorteil mit sich, dass Schülerinnen und Schüler, auch wenn sie die Anforderungsebene C nicht erreichen, dennoch inhaltlich interessante und gedanklich anregende Texte lesen können. Sie erhalten keine simplen Texte, die vielleicht ihren sprachlichen Fähigkeiten entsprechen, sie aber inhaltlich unterfordern und wenig motivieren.

Schließlich bedeutet die Arbeit mit Lückentexten, dass im Unterricht von allen gemeinsam an einem Text gearbeitet werden kann: Die Schülerinnen und Schüler arbeiten zwar auf jeweils unterschiedlichen Anforderungsebenen, doch können ihre Arbeitsergebnisse problemlos abgeglichen werden und es kann ohne Probleme zusammen im Plenum übersetzt werden.

Definition der Anforderungsebenen

Die Anforderungsebenen A und B sind nach festen Prinzipien erstellt worden. Für den Bereich **Wortschatz** gilt Folgendes:

Anforderungsebene A	Anforderungsebene B
Die Schülerinnen und Schüler müssen die 500 häufigsten Wörter beherrschen. Alles, was darüber hinausgeht, wird *sub linea* angegeben.	Die Schülerinnen und Schüler müssen die 750 häufigsten Wörter beherrschen. Alles, was darüber hinausgeht, wird *sub linea* angegeben.

Als Auswahlkriterium dient die Frage, ob ein Wort häufig verwendet wird und dadurch besonders relevant ist, nicht aber – wie man zunächst meinen möchte –, ob es leicht oder schwer zu lernen ist. Was leicht und was schwer ist, ist nämlich objektiv kaum fassbar und eine Festlegung wäre in hohem Maße beliebig. Auch wäre nicht sichergestellt, ob mit den leichten Vokabeln ein immer noch anspruchsvoll zu nennendes Fundamentum erreicht werden kann. Die häufigsten Vokabeln als Grundlage zu wählen, stellt dagegen sicher, dass auch auf den Ebenen A und B ein sinnvolles und qualitätvolles Niveau erreicht wird. Wenn von den häufigsten Vokabeln die Rede ist, dann bezieht sich diese Angabe auf den statistisch untersuchten „Bamberger Wortschatz"[3]. Er ist in den *adeo*-Wortkunden des Buchner-Verlags publiziert.[4]

Der Umfang des Lernwortschatzes ist auf 500 Vokabeln für die Anforderungsebene A und auf 750 Vokabeln für die Anforderungsebene B begrenzt. Mit den häufigsten 500 Wörtern werden nämlich immerhin ca. 70 % eines Textes abgedeckt, mit den häufigsten 750 ca. 75 %. Diese Zahlen gelten zunächst wieder für Lektüretexte, können aber weitgehend auf *Campus* übertragen werden.

Die Festlegung im Bereich **Grammatik** ist komplizierter. Denn es kann nur in geringem Umfang auf statistische Untersuchungen zurückgegriffen werden.[5] Aus diesem Grunde haben wir uns entschieden, den folgenden Prinzipien zu folgen:

---

[3] Utz, Clement: Mutter Latein und unsere Schüler – Überlegungen zu Umfang und Aufbau des lateinischen Wortschatzes, in: Neukam, Peter (Hrsg.): Antike Literatur – Mensch, Sprache, Welt, München 2000, S. 146–172.
[4] z. B. adeo. Wörterliste, hrsg. v. Utz, Clement, Bamberg 2001.
[5] Vgl. Maier, Friedrich: Stoffökonomie in der Kasuslehre. Auf statistischer Grundlage, in: Maier, Friedrich / Westphalen, Klaus: Lateinischer Sprachunterricht auf neuen Grundlagen (Auxilia 60), Bamberg 2008, S. 7–27.

	Anforderungsebene A	Anforderungsebene B
Den Schülerinnen und Schülern sollen nur einfache und regelmäßige morphologische Erscheinungen begegnen; auf syntaktischem Gebiet müssen lediglich diejenigen Phänomene beherrscht werden, die eine große Nähe zum Deutschen aufweisen. Alles, was über dieses Fundamentum hinausgeht, wird *sub linea* angegeben.	Die Schülerinnen und Schüler sollen alle grammatischen Phänomene mindestens im Ansatz kennenlernen, auch wenn sie unregelmäßig sind oder keine unmittelbare Entsprechung im Deutschen haben. Schwer zu erkennende oder schwer zu übersetzende morphologische und syntaktische Erscheinungen werden aber *sub linea* angegeben.	

In diesem Sinne wurden für die Lektionen 6 bis 10 des Lehrbuchs folgende Einzelentscheidungen getroffen:

PHÄNOMEN	Anforderungsebene A	Anforderungsebene B
Personalpronomina (1. und 2. Person) ab 5 T1	werden außer im Nominativ angegeben	–
is ab 8 T3	wird angegeben, wenn es substantiviert gebraucht wird	wird angegeben, wenn es substantiviert gebraucht wird und im Genitiv steht
Reflexivpronomen ab 10 T2	wird in allen Formen angegeben	wird außer im Akkusativ angegeben
Pronomina im AcI ab 10 T2	werden vollständig angegeben	werden angegeben, wenn sie den Subjektsakkusativ bilden
Ablativ der Zeit ab 9 T3	wird angegeben	wird angegeben
Ablativ des Grundes ab 9 T3	wird angegeben	wird angegeben
Ablativ der Trennung ab 9 T3	wird angegeben, wenn er ohne Präposition verwendet wird	wird angegeben, wenn er ohne Präposition verwendet wird
posse ab 6 T2	wird in allen Formen angegeben	–
velle ab 7 T2	wird in allen Formen angegeben	–
Perfekt (–s–) ab 9 T1 (Reduplikation) ab 9 T1 (Dehnung) ab 9 T2 (o. Stammver.) ab 9 T2	wird in allen Formen angegeben wird in allen Formen angegeben	– wird in allen Formen angegeben
Plusquamperfekt ab 10 T3	wird außer bei folgenden Stämmen angegeben: ■ –v– ■ –u–	wird außer bei folgenden Stämmen angegeben: ■ –v– ■ –u– ■ –s–
Imperativ ab 2 T3	wird außer bei Grußformeln angegeben	–
AcI ab 6 T2 / 10 T1	wird angegeben	wird nur angegeben, wenn der Infinitiv vorzeitig ist

Lückentexte im gymnasialen Lateinunterricht

Am Gymnasium gibt es *ein* für alle Schülerinnen und Schüler geltendes Fundamentum. Lückentexte, die im Anspruch unter diesem liegen, wären für Schüler am Gymnasium kein geeignetes Mittel, um aufzuholen; vielmehr müssten ihnen zusätzliche Aufgaben gestellt werden, die ihnen helfen, Lerndefizite aufzuarbeiten.[6]

Dennoch kann es am Gymnasium Situationen geben, in denen es sinnvoll ist, auf die Lückentexte dieses Heftes zurückzugreifen:

• Eine Schülerin oder ein Schüler hat krankheitsbedingt viele Unterrichtsstunden verpasst; die so entstandenen Lücken in kurzer Zeit aufzufüllen, ist nicht möglich. In solch einem Fall ist es angebracht, mit Material, das unterhalb des Fundaments liegt, dafür zu sorgen, dass ein erster Anschluss hergestellt wird.

• Eine Schülerin oder ein Schüler ist beim Übersetzen immer wieder frustriert ist, weil sich der Erfolg nicht sofort einstellt. Für eine Übergangszeit kann es hilfreich sein, auf einfacherem Niveau Erfolgserlebnisse zu vermitteln.

• Eine Schülerin oder ein Schüler hat die Lust am Fach und dadurch den Anschluss verloren; die Ablehnung verstärkt sich mit jedem neuen Text auf hohem Niveau. Mit einem Text auf einfacherem Niveau kann sich vielleicht neues Interesse einstellen.

In all diesen Fällen dient der Einsatz der Lückentexte dazu, Schülerinnen und Schüler zu ermutigen und ihre Lernbereitschaft zu stärken. Die Maßnahme ist immer zeitlich begrenzt.

[6] Vgl. Hey, Gerhard / Jesper, Ulf: Campus – differenziert unterrichten (in Vorbereitung).

2. Texte

In diesem Kapitel befinden sich die für die Anforderungsebenen A und B aufbereiteten Texte. Die unveränderten Texte auf der Anforderungsebene C sind in diesem Heft nicht abgedruckt, sie befinden sich an den entsprechenden Stellen im Lehrbuch.

Gestaltung der Textseiten

Die Unterstützung ist so einfach wie möglich gehalten: Es soll vermieden werden, dass Schülerinnen und Schüler, die auf den Anforderungsebenen A und B arbeiten, durch gut gemeinte, aber mühsam zu entschlüsselnde grafische Elemente allzu sehr beansprucht oder gar verunsichert werden. Wer auf einfacherem Niveau arbeitet, braucht keine zusätzliche Belastung. Alles ist daher darauf angelegt, dass die Übersetzungsbausteine unmittelbar genutzt werden können und sich Erfolge sofort einstellen.

- Die Übersetzungsbausteine stehen direkt unter ihren lateinischen Entsprechungen (*sub linea*). Die lateinische Textstelle und ihre Übersetzung sind mit Grau markiert.

- Die Übersetzungsbausteine können direkt verwendet werden: Sie sind nicht in der Grundform angegeben, sondern bereits als flektierte Form.

- Es gibt keine komplizierte Hilfssymbolik. Lediglich dies ist zu beachten:
  1. Unter Vokabeln, die im Lateinischen dasselbe wie im Deutschen bedeuten (z. B. *insula*), steht „!".
  2. Mit „..." wird in einem zusammenhängenden Ausdruck auf eine noch zu füllende Lücke hingewiesen.

- Vokabelhilfen, die im Lehrbuch neben dem Text angegeben sind, werden einbezogen und stehen als Übersetzungsbausteine *sub linea* zur Verfügung.

- Eigennamen von Personen werden nicht angegeben.

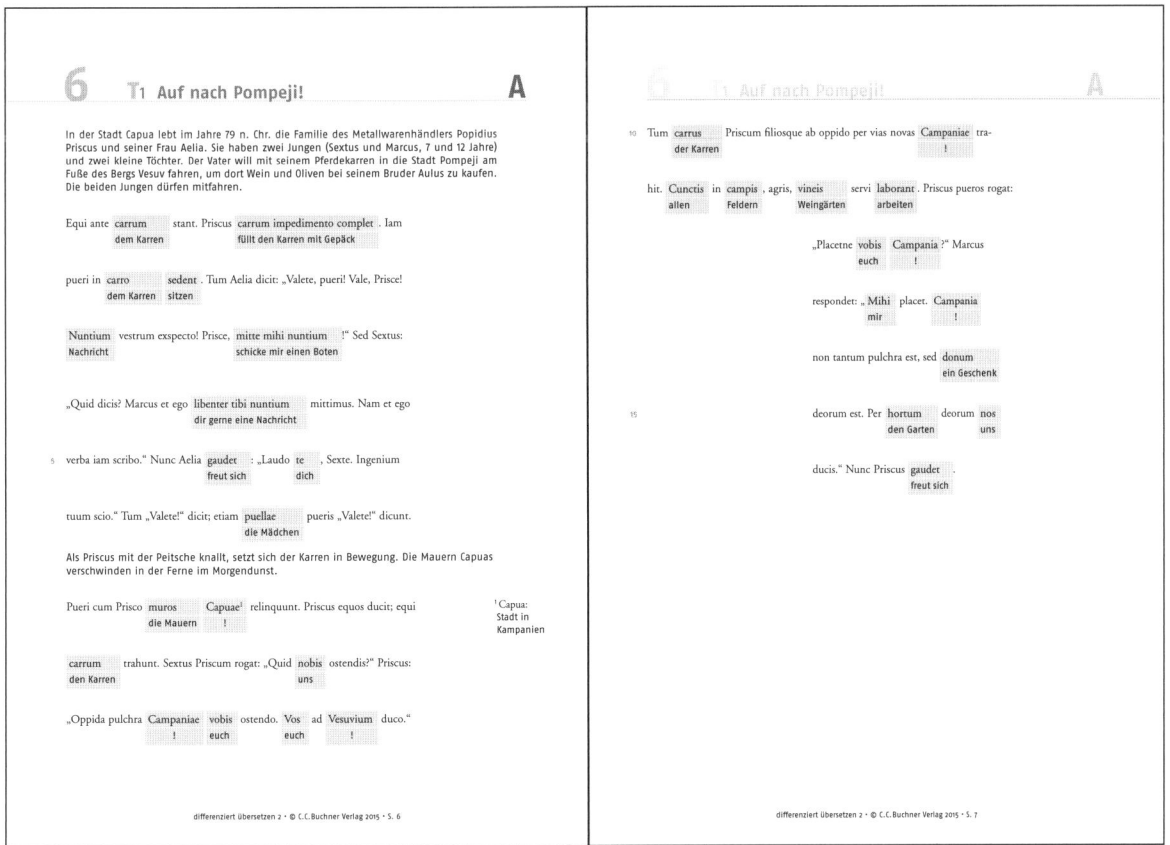

In der Stadt Capua lebte im Jahre 79 n. Chr. die Familie des Metallwarenhändlers Popidius Priscus und seiner Frau Aelia. Sie haben zwei Jungen (Sextus und Marcus, 7 und 12 Jahre) und zwei kleine Töchter. Der Vater will mit seinem Pferdekarren in die Stadt Pompeji am Fuße des Bergs Vesuv fahren, um dort Wein und Oliven bei seinem Bruder Aulus zu kaufen. Die beiden Jungen dürfen mitfahren.

Equi ante carrum stant. Priscus carrum impedimento complet . Iam
        dem Karren   füllt den Karren mit Gepäck

pueri in carro sedent . Tum Aelia dicit: „Valete, pueri! Vale, Prisce!
      dem Karren sitzen

Nuntium vestrum exspecto! Prisce, mitte mihi nuntium !" Sed Sextus:
Nachricht   schicke mir einen Boten

„Quid dicis? Marcus et ego libenter tibi nuntium mittimus. Nam et ego
                dir gerne eine Nachricht

5 verba iam scribo." Nunc Aelia gaudet : „Laudo te , Sexte. Ingenium
                 freut sich   dich

tuum scio." Tum „Valete!" dicit; etiam puellae pueris „Valete!" dicunt.
                      die Mädchen

Als Priscus mit der Peitsche knallt, setzt sich der Karren in Bewegung. Die Mauern Capuas verschwinden in der Ferne im Morgendunst.

Pueri cum Prisco muros Capuae[1] relinquunt. Priscus equos ducit; equi
         die Mauern   !

[1] Capua: Stadt in Kampanien

carrum trahunt. Sextus Priscum rogat: „Quid nobis ostendis?" Priscus:
den Karren   uns

„Oppida pulchra Campaniae vobis ostendo. Vos ad Vesuvium duco."
         !   euch   euch   !

10 Tum carrus   Priscum filiosque ab oppido per vias novas Campaniae tra-
        der Karren   !

hit. Cunctis in campis , agris, vineis   servi laborant . Priscus pueros rogat:
     allen   Feldern   Weingärten   arbeiten

                        „Placetne vobis Campania ?" Marcus
                                euch   !

                    respondet: „ Mihi placet. Campania
                                   mir   !

                    non tantum pulchra est, sed donum
                                                  ein Geschenk

15   deorum est. Per hortum   deorum nos
                                    den Garten   uns

                    ducis." Nunc Priscus gaudet   .
                                         freut sich

In der Stadt Capua lebt im Jahre 79 n. Chr. die Familie des Metallwarenhändlers Popidius Priscus und seiner Frau Aelia. Sie haben zwei Jungen (Sextus und Marcus, 7 und 12 Jahre) und zwei kleine Töchter. Der Vater will mit seinem Pferdekarren in die Stadt Pompeji am Fuße des Bergs Vesuv fahren, um dort Wein und Oliven bei seinem Bruder Aulus zu kaufen. Die beiden Jungen dürfen mitfahren.

Equi ante carrum stant. Priscus carrum impedimento complet . Iam
dem Karren füllt den Karren mit Gepäck

pueri in carro sedent . Tum Aelia dicit: „Valete, pueri! Vale, Prisce!
dem Karren sitzen

Nuntium vestrum exspecto! Prisce, mitte mihi nuntium !" Sed Sextus:
Nachricht einen Boten

„Quid dicis? Marcus et ego libenter tibi nuntium mittimus. Nam et ego
gerne eine Nachricht

5 verba iam scribo." Nunc Aelia gaudet: „Laudo te, Sexte. Ingenium

tuum scio." Tum „Valete!" dicit; etiam puellae pueris „Valete!" dicunt.

Als Priscus mit der Peitsche knallt, setzt sich der Karren in Bewegung. Die Mauern Capuas verschwinden in der Ferne im Morgendunst.

Pueri cum Prisco muros Capuae[1] relinquunt. Priscus equos ducit; equi

[1] Capua: Stadt in Kampanien

carrum trahunt. Sextus Priscum rogat: „Quid nobis ostendis?" Priscus:
den Karren

„Oppida pulchra Campaniae vobis ostendo. Vos ad Vesuvium duco."
! !

10 Tum carrus   Priscum filiosque ab oppido per vias novas Campaniae tra-
       der Karren   !

hit. Cunctis in campis , agris, vineis   servi laborant . Priscus pueros rogat:
                   Feldern   Weingärten   arbeiten

                        „Placetne vobis Campania ?" Marcus
                                        !

                        respondet: „Mihi placet. Campania
                                                  !

                        non tantum pulchra est, sed donum
                                                      ein Geschenk

15   deorum est. Per hortum   deorum nos
                                        den Garten

                        ducis." Nunc Priscus gaudet.

Am Nachmittag verlässt der Karren einen Pinienwald und fährt durch goldene Weinberge.
Dort hat die Weinlese schon begonnen, überall schneiden Winzer die Trauben von den
Rebstöcken. Ein junger Sklave zeigt den durstigen Popidiern den Weg zu einem Brunnen.

Priscus equos e silva **educit** ; tum equi **carrum** per **vineas** trahunt.
führt ... heraus / den Karren / die Weinberge

Subito Priscus **puteum** videt. Itaque **clamat** : „Brrr!" **Statim** **carrus**
Plötzlich / einen Brunnen / ruft er / Sofort / der Karren

consistit. Nunc Priscus equos de via **deducit** et ad **puteum** adducit.
führt ... weg / dem Brunnen

Tandem equi **bibunt** . Pueri **ampullas** aquā **complent** . Priscus pueris
trinken / die Trinkflaschen / füllen

5 **cibum** **portat** ; tum **vinum bibit** et cum pueris **cenat** .
Essen / bringt / trinkt er Wein / isst

In **vineis** servi **laborant** ; pueri servos **laborare** vident: Servi **carros uvis**
den Weingärten / arbeiten / arbeiten / füllen Karren

complent . Ante **carros** **asini** stant.
mit Trauben / den Karren / Esel

Aus einem Weinberg in der Nähe tönt eben noch das „Iaaah!" eines Esels. Plötzlich – Stille.
Dann ein Schrei.

„Auxilium! **Ades mihi** ! **Adeste mihi** !" Priscus et pueri servum **clamare**
Hilf mir / Helft mir / rufen

audiunt; **statim** ad servum **properant** . Priscus: „Cur **clamas** ? Quid **tibi**
sofort / eilen sie / rufst du / dir

10 **deest** ?"
fehlt

Servus respondet: „ Asinus meus! Surgere non iam potest ; non iam se
          Esel   Er kann nicht mehr aufstehen   sich nicht mehr

movet – mortuus est. Et carrus meus plenus est. Ego carrum plenum
     tot   Karren   voll   den vollen Karren

trahere non possum . Praebete mihi auxilium! Vos mihi adesse potestis .“
      kann   Gebt mir   mir   könnt

Sed Priscus: „Neque nos carrum tuum trahere possumus , sed equi
               Karren   können

15 mei carrum tuum trahere possunt . Tibi adsumus. Tecum veni-
     Karren   können   dir   mit dir

mus.“ Nunc servus scit Priscum adesse . Mox Priscum equos
               dass Priscus hilft Bald dass Priscus seine

adducere videt. Servus gaudet equos carrum trahere .
Pferde heranführt   freut sich, dass die Pferde seinen Karren ziehen

Priscus und Marcus führen das Gespann zum Winzerhof. Zum Dank erhalten
sie vom Winzer Verpflegung und ein Quartier für die Nacht.

Am Nachmittag verlässt der Karren einen Pinienwald und fährt durch goldene Weinberge.
Dort hat die Weinlese schon begonnen, überall schneiden Winzer die Trauben von den
Rebstöcken. Ein junger Sklave zeigt den durstigen Popidiern den Weg zu einem Brunnen.

Priscus equos e silva educit ; tum equi carrum per vineas trahunt.
führt ... heraus | den Karren | die Weinberge

Subito Priscus puteum videt. Itaque clamat: „Brrr!" Statim carrus
Plötzlich | einen Brunnen | ruft er | Sofort | der Karren

consistit. Nunc Priscus equos de via deducit et ad puteum adducit.
dem Brunnen

Tandem equi bibunt . Pueri ampullas aquā complent . Priscus pueris
trinken | die Trinkflaschen | füllen

5 cibum portat ; tum vinum bibit et cum pueris cenat .
Essen | bringt | trinkt er | isst

In vineis servi laborant ; pueri servos laborare vident: Servi carros uvis
den Weingärten | arbeiten | arbeiten | füllen Karren

complent . Ante carros asini stant.
mit Trauben | den Karren | Esel

Aus einem Weinberg in der Nähe tönt eben noch das „Iaaah!" eines Esels. Plötzlich – Stille.
Dann ein Schrei.

„Auxilium! Ades mihi! Adeste mihi!" Priscus et pueri servum clamare
rufen

audiunt; statim ad servum properant . Priscus: „Cur clamas ? Quid tibi
sofort | eilen sie | rufst du

10 deest?"

Servus respondet: „ Asinus meus! Surgere non iam potest; non iam se
Esel nicht mehr aufstehen sich nicht mehr

movet – mortuus est. Et carrus meus plenus est. Ego carrum plenum
tot Karren voll den vollen Karren

trahere non possum. Praebete mihi auxilium! Vos mihi adesse potestis.“
Gebt

Sed Priscus: „Neque nos carrum tuum trahere possumus, sed equi
Karren

15 mei carrum tuum trahere possunt. Tibi adsumus. Tecum veni-
Karren

mus.“ Nunc servus scit Priscum adesse. Mox Priscum equos
Bald

adducere videt. Servus gaudet equos carrum trahere.
seinen Karren

Priscus und Marcus führen das Gespann zum Winzerhof. Zum Dank erhalten
sie vom Winzer Verpflegung und ein Quartier für die Nacht.

Nach der Übernachtung gelangen sie mittags an den Südhang des Vesuvs. Fruchtbare Obsthänge und Weinberge überziehen die Landschaft trotz der Hitze mit sattem Grün. Bald tauchen im Licht der Nachmittagssonne die Mauern Pompejis auf. Der Vater lässt die Pferde in der Gräberstadt Pompejis halten, die im Norden außerhalb der Stadtmauern liegt.

Priscus: „Brrr! **Consistite** !" Statim Sextus: „Quid est? Quid facis?"
         Bleibt stehen

Priscus: „ **Sacrum** facimus. Sed **primo** **sepulcrum** **avi** vestri invenire
       Opfer   zuerst   das Grabmal   Großvaters

debemus. **Sepulcrum** hic ante **muros** est. **Venite** !" Pueri autem adhuc
       Das Grabmal   den Mauern   Kommt

fessi sunt et dubitant. Tum Priscus: „ **Descendite** ! **Nonne** placet **vobis**
müde   Steigt ab   etwa nicht   euch

5   **sacrum** facere?" Marcus: „ **Mihi** magis placet in **carro** manere et **habenas**
    Opfer   mir   dem Karren   die Zügel

tenere quam **sepulcra spectare** ."
            Grabmäler anzuschauen

Tum Sextus: „Etiam **mihi** !" Itaque Priscus filiis **habenas praebet** : „ Cape
               mir   hält ... die Zügel hin   Nimm

habenam , Marce! Etiam tu, Sexte! **Capite habenas** , pueri!" Pueri in **carro**
den Zügel   Nehmt die Zügel   dem Karren

manent et **habenas** capiunt. Nunc Priscus **pueros gaudere** scit.
         die Zügel   dass die Jungen sich freuen

Priscus macht sich alleine auf die Suche nach dem alten Familiengrab, das er seit Jahren nicht mehr gesehen hat. Bald kommt er zurück:

10   „Magnum   sepulcrum avi cari   iam   aspicio   . Aspicitisne sepulcrum   mag-
              das ... Grabmal des lieben Großvaters   ich erblicke   Erblickt ihr das ... Grabmal

     num post   cupressos   ? Quin   descenditis   ? Nunc   sacrum   facere   possumus .
                den Zypressen   steigt ihr ... ab   das Opfer   wir können

     Dei   sacrum   nostrum   aspiciunt   et   cibos   vinumque capiunt. Deis   dona
           Opfer   erblicken   die Speisen den Wein   Geschenke

     nostra   cara   sunt; summis deis etiam parva   dona   placent.“
              lieb   Geschenke

Als alle vor dem Grabmal stehen, bringt Priscus das Totenopfer dar. Dann machen sie sich auf den Weg zu Aulus Popidius, dem Bruder des Priscus. Aulus ist ein reicher Kaufmann und durch kaiserliche Entscheidung seit kurzem sogar Senator.

Nach der Übernachtung gelangen sie mittags an den Südhang des Vesuvs. Fruchtbare Obsthänge und Weinberge überziehen die Landschaft trotz der Hitze mit sattem Grün. Bald tauchen im Licht der Nachmittagssonne die Mauern Pompejis auf. Der Vater lässt die Pferde in der Gräberstadt Pompejis halten, die im Norden außerhalb der Stadtmauern liegt.

Priscus: „Brrr! Consistite!" Statim Sextus: „Quid est? Quid facis?"

Priscus: „ Sacrum facimus. Sed primo sepulcrum avi vestri invenire
      Opfer   zuerst   das Grabmal   Großvaters

debemus. Sepulcrum hic ante muros est. Venite!" Pueri autem adhuc
      Das Grabmal

fessi sunt et dubitant. Tum Priscus: „ Descendite ! Nonne placet vobis
müde   Steigt ab   etwa nicht

5   sacrum facere?" Marcus: „Mihi magis placet in carro manere et habenas
      Opfer   dem Karren   die Zügel

tenere quam sepulcra spectare ."
              Grabmäler anzuschauen

Tum Sextus: „Etiam mihi!" Itaque Priscus filiis habenas praebet : „Cape
                                  hält ... die Zügel hin

habenam , Marce! Etiam tu, Sexte! Capite habenas , pueri!" Pueri in carro
den Zügel   die Zügel   dem Karren

manent et habenas capiunt. Nunc Priscus pueros gaudere scit.
      die Zügel

Priscus macht sich alleine auf die Suche nach dem alten Familiengrab, das er seit Jahren nicht mehr gesehen hat. Bald kommt er zurück:

10 „Magnum sepulcrum avi cari iam aspicio. Aspicitisne sepulcrum mag-
das … Grabmal des … Großvaters das … Grabmal

num post cupressos ? Quin descenditis ? Nunc sacrum facere possumus.
den Zypressen steigt ihr … ab das Opfer

Dei sacrum nostrum aspiciunt et cibos vinumque capiunt. Deis dona
Opfer die Speisen Geschenke

nostra cara sunt; summis deis etiam parva dona placent.“
Geschenke

Als alle vor dem Grabmal stehen, bringt Priscus das Totenopfer dar. Dann machen sie sich auf den Weg zu Aulus
Popidius, dem Bruder des Priscus. Aulus ist ein reicher
Kaufmann und durch kaiserliche Entscheidung seit kurzem sogar Senator.

Aulus Popidius senator et mercator est. Oleum et vinum vendit .
          !   Händler   Er verkauft Öl und Wein

Profecto vinum Auli mercatoris bonum et clarum est. Etiam imperator
Tatsächlich der Wein   des Händlers

Titus vinum Auli Popidii bibit ; nam imperatori Tito vina bona placent.
   den Wein   trinkt   Weine

Aulum mercatorem multi Pompeiani amant, nam Popidius amicis
    den Händler   !

5 beneficiis et consiliis adest. Itaque Popidius senator magno in honore est.
   mit Wohltaten   !

Etiam Priscus Aulum in honore esse scit.
         dass Aulus angesehen ist

Im Hause des Aulus Popidius herrscht Wahlfieber. Aulus will seinen Freund Holconius zu einem der beiden Duumvirn machen, die an der Spitze der Stadt stehen. Viele Gäste füllen sein Haus. Das alles ist für die Jungen fremd.

Sextus Aulum rogat: „Cur hodie tanta turba in villa vestra est?" Aulus:
               heute   eine … Menschenmenge   Landhaus

„Pompeiani duumviros creant . Duumviri Pompeianis imperant.
   !   wählen die Duumvirn[2] Die Duumvirn   !

> [2] Duumvir (höchster Stadtbeamter)

Candidati populo beneficia praebent , tum honores petunt."
Die Bewerber   Wohltaten geben

10 Sextus etiam rogat: „ Cunctisne Pompeianis licet duumviros creare , etiam
              allen   !   die Duumvirn zu wählen

Cloeliae, uxori tuae, et servis?" Aulus: „Neque uxoribus neque servis

licet duumviros creare , viris tantum liberis. Puellae et uxores apud nos
   die Duumvirn zu wählen   Mädchen   uns

cibum et lanam faciunt: heri, hodie , semper." Nunc Sextus ridet –
Essen   Wolle   gestern, heute   lacht

Marcus autem tacet .
      schweigt

Aulus Popidius senator et mercator est. Oleum et vinum vendit .
! Händler Öl er verkauft

Profecto vinum Auli mercatoris bonum et clarum est. Etiam imperator
des Händlers

Titus vinum Auli Popidii bibit ; nam imperatori Tito vina bona placent.
trinkt

Aulum mercatorem multi Pompeiani amant, nam Popidius amicis
den Händler !

5 beneficiis et consiliis adest. Itaque Popidius senator magno in honore est.
mit Wohltaten !

Etiam Priscus Aulum in honore esse scit.
angesehen ist

Im Hause des Aulus Popidius herrscht Wahlfieber. Aulus will seinen Freund Holconius zu einem der beiden Duumvirn machen, die an der Spitze der Stadt stehen. Viele Gäste füllen sein Haus. Das alles ist für die Jungen fremd.

Sextus Aulum rogat: „Cur hodie tanta turba in villa vestra est?" Aulus:
Landhaus

„Pompeiani duumviros creant . Duumviri Pompeianis imperant.   ² Duumvir
! wählen die Duumvirn² Die Duumvirn !   (höchster
                                                                   Stadtbeamter)

Candidati populo beneficia praebent , tum honores petunt."
Die Bewerber   Wohltaten geben

10 Sextus etiam rogat: „Cunctisne Pompeianis licet duumviros creare , etiam
! die Duumvirn zu wählen

Cloeliae, uxori tuae, et servis?" Aulus: „Neque uxoribus neque servis

licet duumviros creare , viris tantum liberis. Puellae et uxores apud nos
die Duumvirn zu wählen

cibum et lanam faciunt: heri , hodie, semper." Nunc Sextus ridet —
Essen Wolle gestern   lacht

Marcus autem tacet.

Die Jungen kennen sich in Pompeji noch nicht aus. Darum begleitet sie am nächsten Morgen ihr Cousin Secundus; seine Schwester Serena und ihre einjährigen Zwillingsschwestern bleiben zu Hause. Secundus hat einen kleinen Geldbeutel umgebunden. Der Sklave Zosimus geht ihnen nach.

In forum Pompeianum cuncti viri et mulieres properant . Etiam servi,
das Forum von Pompeji · alle · eilen

pueri, puellae in forum veniunt, quia candidati se ostendunt. Secundus
Mädchen · das Forum · die Bewerber · sich

gaudet , quod filii Prisci adsunt; sed dum cum pueris per vias properat ,
freut sich · er ... eilt

amicam tantum in animo habet : Primigeniam.
er hat ... im Sinn

5 Sextus: „Quid nobis ostendis, Secunde?" Secundus: „Primigeniam vobis
uns · euch

ostendere volo , amorem meum. Est amica Serenae, sororis meae. Me
ich will · Schwester · mich

videre vult . Vultisne mecum venire, pueri?" Marcus: „Et nos
sie will · Wollt ihr · mit mir

Primigeniam videre volumus , si licet. Tecum venimus." Zosimus:
wollen · mit dir

„Bene. Cuncti Popidii puellam tuam videre volunt . Sed si ad forum
Alle · Mädchen · wollen · dem Forum

10 venire vis , Secunde, properare debes, quia viae iam plenae sunt."
du ... willst · dich beeilen · voll

Fuhrwerke und Karren blockieren die Hauptstraßen. Auch die Gassen sind verstopft. Plötzlich entsteht um die Gruppe der Jungen Gedränge. Ehe sich Secundus der Gefahr bewusst wird, spürt er schon, wie jemand an seinem Geldbeutel reißt.

Subito   Secundus: „Quid vis   ? O Zosime,
Plötzlich   willst du

ades mihi ! Fur me terret   !" Dum
hilf mir   Ein Dieb erschreckt mich

clamorem facit, Zosimus iam
Geschrei

adest: „ Mitte   pecuniam, scelerate !"
           Lass ... los   Verbrecher

15 Zosimus furem   capit. Statim multi
              den Dieb   Sofort

Pompeiani adsunt. Secundus,

quamquam furem flere   videt,
              den Dieb weinen

furem liberare   non vult , sed
den Dieb ... freilassen   will

statim sceleratum   ad vigiles   trahit.
sofort den Verbrecher   den Polizisten

Die Jungen kennen sich in Pompeji noch nicht aus. Darum begleitet sie am nächsten Morgen ihr Cousin Secundus; seine Schwester Serena und ihre einjährigen Zwillingsschwestern bleiben zu Hause. Secundus hat einen kleinen Geldbeutel umgebunden. Der Sklave Zosimus geht ihnen nach.

In forum Pompeianum   cuncti viri et mulieres properant . Etiam servi,
    das Forum von Pompeji   eilen

pueri, puellae in forum   veniunt, quia candidati   se   ostendunt. Secundus
             das Forum   die Bewerber   sich

gaudet, quod filii Prisci adsunt; sed dum cum pueris per vias properat ,
                                              er ... eilt

amicam tantum in animo habet : Primigeniam.
               er hat ... im Sinn

5   Sextus: „Quid nobis ostendis, Secunde?" Secundus: „Primigeniam vobis

ostendere volo, amorem meum. Est amica Serenae, sororis meae. Me

videre vult. Vultisne mecum venire, pueri?" Marcus: „Et nos

Primigeniam videre volumus, si licet. Tecum venimus." Zosimus:

„Bene. Cuncti Popidii puellam tuam videre volunt. Sed si ad forum
                                              dem Forum

10   venire vis, Secunde, properare   debes, quia viae iam plenae sunt."
                    dich beeilen   voll

Fuhrwerke und Karren blockieren die Hauptstraßen. Auch die Gassen sind verstopft. Plötzlich entsteht um die Gruppe der Jungen Gedränge. Ehe sich Secundus der Gefahr bewusst wird, spürt er schon, wie jemand an seinem Geldbeutel reißt.

Subito   Secundus: „Quid vis? O Zosime,
Plötzlich

ades mihi! Fur   me terret   !" Dum
          Ein Dieb   erschreckt

clamorem facit, Zosimus iam

adest: „Mitte pecuniam, scelerate !"
                        Verbrecher

15 Zosimus furem   capit. Statim multi
            den Dieb   Sofort

Pompeiani adsunt. Secundus,

quamquam furem flere   videt,
         den Dieb weinen

furem liberare   non vult, sed
den Dieb ... freilassen

statim sceleratum   ad vigiles   trahit.
sofort den Verbrecher   den Polizisten

Nach dem Besuch bei Primigenia führte Secundus seine Cousins zum größten Tempel am Forum. Wisst ihr, wie viele Götter die Römer hatten und was ihr Wirkungsbereich war? Hört zu:

Apud Romanos antiquos multi dei erant. Summus deus Iuppiter erat,
      !   alten

pater multorum deorum. Imperium summi dei caelum et terra erant.

Multi dei filiae et filii Iovis patris erant, ut Minerva et Diana; Minerva

dea sapientiae erat, Diana dea bestiarum . Neptunus autem erat frater
    der Weisheit   der wilden Tiere

5   Iovis dominusque aquarum. Mater Neptuni Iovisque Rhea[2] dea erat.

[2] Rhea: (die Göttermutter) Rhea

Nuntius deorum Mercurius erat.
der Bote

Iuppiter deis imperabat; ceteri dei Iovi parebant , quia summum deum
                                      gehorchten

timebant. Romani a deis auxilium exspectabant deisque dona dabant;
         !   Geschenke

nam varii dei Romanis aderant. Minerva Romam et Romanos servabat.
    die verschiedenen   !   !   !

10 Mercurius non solum imperia Iovis nuntiabat, sed etiam mercatoribus
                                                              den Händlern

aderat; umbras mortuorum ad Tartarum portabat –
        die Schatten der Toten der Unterwelt er brachte

et deus furum erat. Sic Romani existimabant.
        der Diebe   !

Nach dem Tempelbesuch gehen die Jungen zurück zum Haus (…).

Nach dem Besuch bei Primigenia führte Secundus seine Cousins zum größten Tempel am Forum. Wisst ihr, wie viele Götter die Römer hatten und was ihr Wirkungsbereich war? Hört zu:

Apud Romanos antiquos multi dei erant. Summus deus Iuppiter erat,
!

pater multorum deorum. Imperium summi dei caelum et terra erant.

Multi dei filiae et filii Iovis patris erant, ut Minerva et Diana; Minerva

dea sapientiae erat, Diana dea bestiarum . Neptunus autem erat frater
der Weisheit   der wilden Tiere

5 Iovis dominusque aquarum. Mater Neptuni Iovisque Rhea[2] dea erat.

[2] Rhea: (die Göttermutter) Rhea

Nuntius deorum Mercurius erat.
der Bote

Iuppiter deis imperabat; ceteri dei Iovi parebant, quia summum deum

timebant. Romani a deis auxilium exspectabant deisque dona dabant;
         !   Geschenke

nam varii dei Romanis aderant. Minerva Romam et Romanos servabat.
              !   !   !

10 Mercurius non solum imperia Iovis nuntiabat, sed etiam mercatoribus
                                                            den Händlern

aderat; umbras mortuorum ad Tartarum portabat –
               der Toten   der Unterwelt er brachte

et deus furum erat. Sic Romani existimabant.
       der Diebe   !

Nach dem Tempelbesuch gehen die Jungen zurück zum Haus (…).

Tags darauf gehen Aulus, Secundus und Priscus mit den drei Jungen am späten Vormittag
in das Amphitheater, wo Tausende Pompejaner und Bewohner der Nachbarstädte ein Gladiatorenspektakel verfolgen. Die Spiele waren Teil der Wahlwerbung des Holconius.

Marcus fratrem ad amphitheatrum ducebat, quia Sextus spectacula
                          !   die Schauspiele

adhuc nesciebat. Iam fratres clamorem multarum bestiarum audiebant,
                            den Lärm   wilder Tiere

sed propter magnam turbam spectatorum diu nihil videre poterant :
                   Menge von Zuschauern   konnten sie

Itaque primo neque arenam neque gladiatores aspiciebant .
       zuerst   !   !   erblickten sie

5 Tum multi patres filios ad ludos   ducebant. Etiam Romani ex urbe venie-
                          den Spielen   !

bant et viri mulieresque e variis   partibus et civitatibus imperii aderant.
                           verschiedenen

Langsam lösen sich die Menschentrauben bei den Eingängen auf und die Zuschauer neh-
men Platz. Als die Fanfaren ein zweites Mal ertönen, springen alle auf, aber der kleine
Sextus kann hinter dem Rücken der Erwachsenen nur wenig erkennen und muss den Cousin
Secundus fragen; der erzählt ihm:

„Nunc Diadumenum arenam intrare video. Gladiator clarus est, victor
! betreten !

multarum pugnarum . Cottidie se exercet . Mors Diadumenum non ter-
Kämpfe Täglich übt er sich er-

ret ." Sextus: „ Nonne gladiatores dolores vel mortem timent?" Secundus:
schreckt nicht !

10 „Pars virorum mortem timet; magnam autem partem mors non movet.

Nam gladiatorum negotium est pugnare et viros vel bestias interficere.
! die Aufgabe wilde Tiere

Gladiatores in servitute sunt; victores
! Sklaverei

pugnarum libertatem exspectant – et
der Kämpfe

nos per multos annos virtute delectant ."
uns sie erfreuen

15 Subito turbam iterum clamare audiunt …
Plötzlich die Menschenmenge wieder rufen

Der Gedanke an getötete Gladiatoren lässt den kleinen Sextus erschaudern. Dem blutigen Spektakel
mag er nicht zusehen und versteckt sich hinter
Secundus.

Tags darauf gehen Aulus, Secundus und Priscus mit den drei Jungen am späten Vormittag in das Amphitheater, wo Tausende Pompejaner und Bewohner der Nachbarstädte ein Gladiatorenspektakel verfolgen. Die Spiele waren Teil der Wahlwerbung des Holconius.

Marcus fratrem ad amphitheatrum ducebat, quia Sextus spectacula
! die Schauspiele

adhuc nesciebat. Iam fratres clamorem multarum bestiarum audiebant,
wilder Tiere

sed propter magnam turbam spectatorum diu nihil videre poterant:
von Zuschauern

Itaque primo neque arenam neque gladiatores aspiciebant.
zuerst ! !

5 Tum multi patres filios ad ludos ducebant. Etiam Romani ex urbe venie-
den Spielen !

bant et viri mulieresque e variis partibus et civitatibus imperii aderant.

Langsam lösen sich die Menschentrauben bei den Eingängen auf und die Zuschauer nehmen Platz. Als die Fanfaren ein zweites Mal ertönen, springen alle auf, aber der kleine Sextus kann hinter dem Rücken der Erwachsenen nur wenig erkennen und muss den Cousin Secundus fragen; der erzählt ihm:

„Nunc Diadumenum arenam intrare video. Gladiator clarus est, victor
     ! betreten   !

multarum pugnarum. Cottidie se exercet. Mors Diadumenum non ter-
       täglich sich   er-

ret .“ Sextus: „Nonne gladiatores dolores vel mortem timent?“ Secundus:
schreckt   nicht !

10 „Pars virorum mortem timet; magnam autem partem mors non movet.

Nam gladiatorum negotium est pugnare et viros vel bestias interficere.
   !   wilde Tiere

Gladiatores in servitute sunt; victores
  !   Sklaverei

pugnarum libertatem exspectant – et

nos per multos annos virtute delectant.“
           sie erfreuen

15 Subito turbam iterum clamare audiunt …
 Plötzlich   rufen

Der Gedanke an getötete Gladiatoren lässt den kleinen Sextus erschaudern. Dem blutigen Spektakel
mag er nicht zusehen und versteckt sich hinter
Secundus.

Es ist Vollmond. Bis in die Nacht hinein haben Secundus, Marcus und drei Sklaven den Weinberg gegossen. Am Schluss sind alle erschöpft. Als der Sklave Zosimus aus dem Brunnen trinkt, in dem das Wasser gesammelt wird, macht er eine schreckliche Entdeckung.

Subito Zosimus clamavit: „Mirum! Quam mirum!" Pueri servum
              rief   Sonderbar   sonderbar

rogaverunt: „Quid mirum est, Zosime?" Zosimus: „Aqua! Aqua hodie
             sonderbar   heute

olet. Probate aquam! Fontes nostri antea semper boni erant. Hodie
stinkt Prüft   Quellen   vorher   Heute

autem primum aqua olet: Putida est ut sulpur."
                stinkt   faulig   Schwefel

Nun nehmen auch die anderen einen Schluck Wasser und spucken es wieder aus.

5   Zosimus: „Etiam heri per urbem in montem properavi et vineas curavi,
               gestern   ich eilte   pflegte die Weinberge

ut scis, Secunde." Secundus: „Sic est, ut mihi iam narravisti." Et amicus
                                 mir   du ... erzählt hast

Zosimi: „Secunde, vos heri in urbe bene cenavistis; nos autem nihil
                   gestern   habt gegessen

cenavimus. Mihi non placet iam heri nihil cenavisse et nunc aquam
haben ... gegessen Mir   gestern   gegessen zu haben

putidam bibere."
fauliges zu trinken

10 Zosimus: „Tace   de cibo   , amice! Magno in periculo sumus! Mors in
          Schweig   das Essen

aqua est. Hic me nihil iam tenet.“ Subito sonum mirum   et malum sub
          mich nichts mehr   Plötzlich ein sonderbares … Geräusch

terra audiverunt. Zosimus: „Audisne? Monstrum antiquum evigilavit   .
                          !   ein altes ist aufgewacht

Terra se movet. Magnum periculum adesse existimo. Nisi vitam amitte-
       sich   dass eine große Gefahr da ist

re volumus , statim in urbem descendere debemus. An monstro sub
    wir … wollen sofort   hinabsteigen   !

15 oculos venire vultis ?“
            wollt ihr

Entsetzt verneinen dies alle und rennen in die Stadt. Der Mond zeigt ihnen den Weg.

Es ist Vollmond. Bis in die Nacht hinein haben Secundus, Marcus und drei Sklaven den Weinberg gegossen. Am Schluss sind alle erschöpft. Als der Sklave Zosimus aus dem Brunnen trinkt, in dem das Wasser gesammelt wird, macht er eine schreckliche Entdeckung.

Subito Zosimus clamavit : „ Mirum ! Quam mirum !" Pueri servum
                rief   Sonderbar   sonderbar

rogaverunt: „Quid mirum est, Zosime?" Zosimus: „Aqua! Aqua hodie
              sonderbar

olet . Probate aquam! Fontes nostri antea semper boni erant. Hodie
stinkt   Quellen

autem primum aqua olet : Putida est ut sulpur ."
              stinkt   faulig   Schwefel

Nun nehmen auch die anderen einen Schluck Wasser und spucken es wieder aus.

5 Zosimus: „Etiam heri per urbem in montem properavi et vineas curavi,
           gestern   ich eilte   die Weinberge

ut scis, Secunde." Secundus: „Sic est, ut mihi iam narravisti ." Et amicus
                              du ... erzählt hast

Zosimi: „Secunde, vos heri in urbe bene cenavistis ; nos autem nihil
               gestern   habt gegessen

cenavimus . Mihi non placet iam heri nihil cenavisse et nunc aquam
haben ... gegessen   gestern   gegessen zu haben

putidam bibere ."
fauliges zu trinken

10 Zosimus: „Tace de cibo   , amice! Magno in periculo sumus! Mors in
                        das Essen

aqua est. Hic me nihil iam   tenet." Subito   sonum mirum   et malum sub
                 nichts mehr   Plötzlich ein sonderbares … Geräusch

terra audiverunt. Zosimus: „Audisne? Monstrum antiquum evigilavit   .
                                          !   ist aufgewacht

Terra se   movet. Magnum periculum adesse existimo. Nisi vitam amitte-
        sich

re volumus, statim in urbem descendere   debemus. An monstro sub
             sofort   hinabsteigen   !

15 oculos venire vultis?"

Entsetzt verneinen dies alle und rennen in die Stadt. Der Mond zeigt ihnen den Weg.

Zosimus hat seinem Herrn noch in der Nacht alles erzählt. Doch niemand will der Erzählung eines alten Sklaven glauben. Es ist bereits Mittag, da –

Subito | sonus mirus | homines | terruit | : Vesuvius | clamavit | ut | mille leones | .
plötzlich | ein sonderbares Geräusch | | erschreckte | ! | brüllte | | tausend Löwen

Cunctos | homines | timor | tenuit: Mulieres | statim | timuerunt et | clamave-
alle | | Angst | | sofort | | riefen

runt | : „Di magni!“ Tum | iterum tacuerunt | , cum | subito | ad montem
| | schwiegen sie wieder | | plötzlich

Vesuvium | spectaverunt | , unde magna | columna nigra | se | ostendebat;
! | sie … schauten | | eine … dunkle Säule | sich

5 mox | columna | alta erat et ad caelum | surgebat | . Statim | Zosimus
bald | die Säule | | erhob sich | Sofort

Secundum tenuit: „Sic est, ut timui: | Vesuvius | evigilavit | .“
| ! | ist aufgewacht

Aus dem Vesuv stieg eine riesige schwarze Wolke auf. Sie dehnte sich nach Osten aus und verdunkelte die Sonne. Nach kurzer Zeit fielen die ersten Steinbrocken auf die Stadt.

Statim | magna multitudo hominum vias urbis | complevit | . Cloelia mater
Sofort | | füllte

magna voce | flevit | : „O Aule, | tectum | et urbem relinquere debemus!“
| weinte | | das Haus

Serena, | soror | Secundi, | clamavit | : „O pater, lucem solis | non iam | video,
| die Schwester | | rief | | nicht mehr

10 quamquam nox nondum adest." Aulus: „Ego maneo. Regionem
              noch nicht

nostram, patriam meam, non relinquo. Nox et pericula me numquam
                                                    mich

terrere potuerunt ." Priscus, quia Aulum servare voluit , fratrem monuit :
konnten … erschrecken   er … wollte   ermahnte

„O Aule! Monstrum homi-
         !

nes et oppida delere vult –
                will … zerstören

15   vitam multorum hominum

iam delevit . Numquam in
    es hat … zerstört

tanto periculo fuimus;

neque tu in tanto periculo

fuisti neque filii mei fue-

20   runt. Cura tandem filios et
         Sorge … für

salutem nostram! Salus

nostra est – fuga."

Zosimus hat seinem Herrn noch in der Nacht alles erzählt. Doch niemand will der Erzählung eines alten Sklaven glauben. Es ist bereits Mittag, da –

Subito sonus mirus homines terruit : Vesuvius clamavit ut mille leones.
plötzlich ein sonderbares Geräusch erschreckte ! brüllte tausend

Cunctos homines timor tenuit: Mulieres statim timuerunt et clamave-
sofort riefen

runt : „Di magni!" Tum iterum tacuerunt, cum subito ad montem
plötzlich

Vesuvium spectaverunt , unde magna columna nigra se ostendebat;
! sie ... schauten eine ... dunkle Säule sich

5 mox columna alta erat et ad caelum surgebat . Statim Zosimus
bald die Säule erhob sich Sofort

Secundum tenuit: „Sic est, ut timui: Vesuvius evigilavit ."
! ist aufgewacht

Aus dem Vesuv stieg eine riesige schwarze Wolke auf. Sie dehnte sich nach Osten aus und verdunkelte die Sonne. Nach kurzer Zeit fielen die ersten Steinbrocken auf die Stadt.

Statim magna multitudo hominum vias urbis complevit . Cloelia mater
Sofort füllte

magna voce flevit : „O Aule, tectum et urbem relinquere debemus!"
weinte

Serena, soror Secundi, clamavit : „O pater, lucem solis non iam video,
rief nicht mehr

10   quamquam nox nondum adest." Aulus: „Ego maneo. Regionem

nostram, patriam meam, non relinquo. Nox et pericula me numquam

terrere   potuerunt." Priscus, quia Aulum servare voluit, fratrem monuit:
erschrecken

„O Aule! Monstrum homi-
!

nes et oppida delere   vult –
                       zerstören

15   vitam multorum hominum

iam delevit   . Numquam in
    es hat ... zerstört

tanto periculo fuimus;

neque tu in tanto periculo

fuisti neque filii mei fue-

20   runt. Cura tandem filios et

salutem nostram! Salus

nostra est – fuga."

Schon verdunkelte eine schwarze Wolke den Himmel. Unter der Last der ständig fallenden Bimssteinbrocken stürzten Dächer und Mauern ein, in der Stadt brach Chaos aus:

Matres patresque cum liberis urbem relinquere temptaverunt; liberi sine
versuchten

matribus per tenebras erraverunt, fleverunt, clamaverunt : „Mater, ubi
die Dunkelheit irrten sie weinten und schrien

es?" Multi homines iam sub muris vel lignis iacuerunt .
Mauern Balken lagen

Adhuc lapilli de caelo cadebant . Quis tum hominibus miseris adfuit?
kleine Steine fielen

5 Gladiatores ! In castris non manebant; sed voluntas gladiatorum erat
! die Absicht !

homines miseros sine armis servare.

Sed audite de Prisco Popidio! Is familiam Auli servavit: Priscus ei
hört Dieser ! ihm

imperavit: „ Dic mihi , Aule: Cur manere vis ? Serva filias parvas et
Sag mir willst du Rette

Cloeliam Serenamque! Duc eas ex urbe! Relinque Pompeios !
Führe sie Verlass !

10 Neque Secundus in urbe manere vult ; veni cum eo , veni nobiscum ,
will komm ihm komm mit uns

sed fac cito !" Tandem Aulus fratri paruit .
mach schnell gehorchte

Cuncti Popidii id consilium Prisci laudaverunt. Carrus eius   Popidios
Alle   Sein Karren

eorumque servos in regionem Nuceriae portavit eosque servavit.
 ihre   !   brachte   sie

Das bewahrte sie vor den glühenden Gasmassen, die am nächsten Morgen wie eine
Feuerwalze über die Stadt rollten.

Plus quam mille   Pompeiani post
Mehr als tausend   !

15 eam noctem mortui erant. De morte
                 tot

eorum Sextus postea Aeliae matri
ihrem

narravit . Si vos reliquias   claras
erzählte   die ... Überreste

Pompeiorum oculis videre vultis ,
    !   wollt

venite in regionem Vesuvii !
kommt   !

Schon verdunkelte eine schwarze Wolke den Himmel. Unter der Last der ständig fallenden
Bimssteinbrocken stürzten Dächer und Mauern ein, in der Stadt brach Chaos aus:

Matres patresque cum liberis urbem relinquere temptaverunt; liberi sine

matribus per tenebras   erraverunt , fleverunt, clamaverunt : „Mater, ubi
            die Dunkelheit   irrten   sie weinten und schrien

es?" Multi homines iam sub muris vel lignis   iacuerunt.
                           Balken

Adhuc lapilli   de caelo cadebant. Quis tum hominibus miseris adfuit?
      kleine Steine

5   Gladiatores ! In castris non manebant; sed voluntas gladiatorum erat
         !   !

homines miseros sine armis servare.

Sed audite de Prisco Popidio! Is familiam Auli servavit: Priscus ei
                                 !

imperavit: „Dic mihi, Aule: Cur manere vis? Serva filias parvas et

Cloeliam Serenamque! Duc eas ex urbe! Relinque Pompeios !
                                          !

10   Neque Secundus in urbe manere vult; veni cum eo, veni nobiscum,

sed fac cito   !" Tandem Aulus fratri paruit.
     schnell

Cuncti Popidii id consilium Prisci laudaverunt. Carrus eius Popidios
Sein Karren

eorumque servos in regionem Nuceriae portavit eosque servavit.
ihre !

Das bewahrte sie vor den glühenden Gasmassen, die am nächsten Morgen wie eine
Feuerwalze über die Stadt rollten.

Plus quam mille Pompeiani post
Mehr als tausend !

15 eam noctem mortui erant. De morte
tot

eorum Sextus postea Aeliae matri
ihrem

narravit . Si vos reliquias claras
erzählte die ... Überreste

Pompeiorum oculis videre vultis,
!

venite in regionem Vesuvii !
!

Ein Jahr vor dem Vesuvausbruch ist der junge Valerius zu Besuch bei seinem Onkel Titus, der ihm und einem anderen Gast namens Numerius die Sehenswürdigkeiten des Städtchens Herkulaneum zeigt.

Valerius: „ Libenter   apud   te   mansi   , quia   monumenta   oppidi videre   volui   .
    gerne   dir   ich bin … geblieben   Denkmäler   ich … wollte

Multa   monumenta   , ut ego sentio,   aspeximus   . De eis   monumentis   nuper
    Denkmäler   wir haben … angesehen   Denkmälern   du hast

mihi scripsisti   . Sed   responde mihi , Tite: Cur   nos   ad   oram   duxisti   ?“
mir neulich geschrieben   antworte mir   uns   der Küste   hast du … geführt

Titus: „Magnum studium vestrum   sensi   . Nonne   de consilio meo   dixi   ?
                   ich habe …   etwa nicht   habe ich …
                   wahrgenommen   gesprochen

5   Nunc   vobis   statuam   Marci Noni Balbi ostendere   volo   . Ecce   ! Is   senator
      euch   !   ich will   Seht!   !

clarus oppidum nostrum   auxit   .“
                hat … vergrößert

Als sie vor der Statue stehen, weist Titus auf ihre Löwenkopf-Verzierungen hin und erzählt, dass sie auf eine Heldentat des Herkules anspielen:

„In oppido   Nemea   timor   homines miseros   torsit   , quia magnus   leo   in
          !   Angst   quälte   ein … Löwe

silvis   errabat   . Itaque ad Herculem   nuntios miserunt   . Is   autem homini-
    umherirrte   schickten sie Boten   Dieser

bus consilium non   dedit : In silvas   properavit   et   mox   ante   monstrum
              gab   er eilte   bald   !

10   stetit   . Statim   leo   Herculem   temptavit . Etsi   Hercules   primo titubavit ,
    er stand   Sofort   der Löwe   griff … an   Auch wenn   zuerst taumelte

in terram non cecidit . Clavam in leonem misit – et monstrum occidit :
er fiel seine Keule den Löwen er warf ! fiel zu Boden

Leo vitam amisit . Tum Hercules
Der Löwe verlor

leonem mortuum in oppidum
den toten Löwen

traxit ; hominibus dixit : ‚ Videte
zog er sagte Seht

15 leonem mortuum ! Clava mea eum
den toten Löwen mit … Keule ihn

superavi.‘ Homines responderunt :
antworteten

‚ Gratiam tibi habemus ; nos enim
Wir danken dir uns

ab eo monstro liberavisti .‘ Riserunt
! du hast … befreit Sie lachten

et viro claro libenter honorem
gerne

20 praestiterunt .“
gewährten

Titus erklärt, dass die Löwenköpfe auf der
Statue Balbus als zweiten Herkules ehren,
weil er durch seine Bauten an den Gründer
Herkulaneums erinnerte.

Ein Jahr vor dem Vesuvausbruch ist der junge Valerius zu Besuch bei seinem Onkel Titus, der ihm und einem anderen Gast namens Numerius die Sehenswürdigkeiten des Städtchens Herkulaneum zeigt.

Valerius: „ Libenter   apud te mansi, quia monumenta oppidi videre volui.
gerne

Multa monumenta, ut ego sentio, aspeximus. De eis monumentis nuper
neulich

mihi scripsisti. Sed responde mihi, Tite: Cur nos ad oram   duxisti?"
der Küste

Titus: „Magnum studium vestrum sensi. Nonne   de consilio meo dixi?
etwa nicht

5 Nunc vobis statuam Marci Noni Balbi ostendere volo. Ecce! Is senator
!   !

clarus oppidum nostrum auxit   ."
hat ... vergrößert

Als sie vor der Statue stehen, weist Titus auf ihre Löwenkopf-Verzierungen hin und erzählt, dass sie auf eine Heldentat des Herkules anspielen:

„In oppido Nemea timor homines miseros torsit , quia magnus leo in
!   quälte

silvis errabat . Itaque ad Herculem nuntios miserunt. Is autem homini-
umherirrte   Boten

bus consilium non dedit : In silvas properavit et mox ante monstrum
gab   er eilte   bald   !

10 stetit . Statim leo Herculem temptavit. Etsi   Hercules primo titubavit ,
er stand Sofort   Auch wenn   zuerst taumelte

in terram non **cecidit** . **Clavam** in leonem misit – et **monstrum** **occidit** :
er fiel · · · · · · · seine Keule · · · · · · · · · · · · · · ! · · · · fiel zu Boden

Leo vitam amisit. Tum Hercules

leonem **mortuum** in oppidum
· · · · · toten

traxit; hominibus dixit: ‚Videte

15 leonem **mortuum** ! **Clava** mea eum
· · · · · toten · · · · · · mit ... Keule

superavi.' Homines **responderunt** :
· · · · · · · · · · · · · · antworteten

‚**Gratiam** tibi **habemus** ; nos enim
Wir danken

ab eo **monstro** **liberavisti** .' **Riserunt**
· · · · · · ! · · · du hast ... befreit · · · Sie lachten

et viro claro **libenter** honorem
· · · · · · · · · · · gerne

20 **praestiterunt** ."
gewährten

Titus erklärt, dass die Löwenköpfe auf der
Statue Balbus als zweiten Herkules ehren,
weil er durch seine Bauten an den Gründer
Herkulaneums erinnerte.

Titus, Valerius und Numerius betreten nun die Basilika von Herkulaneum, die der Senator
Balbus mit prächtigen Bildwerken zum Leben des Herkules hat ausstatten lassen.

Amici in basilicam venerunt . Ibi sederunt et verba Titi audiverunt.
die Basilika kamen saßen sie

Titus: „ Ecce imaginem , amici! Homines hic Herculem laudant:
Seht das Bild

,O Hercules, vir clarus es: Ad leonem venisti, eum vidisti et statim
dem Löwen du bist … gekommen, hast ihn gesehen und sofort

vicisti !'"
besiegt

5 Valerius: „ Profecto Hercules venit, vidit, vicit – leonem interfecit ."
Tatsächlich kam, sah und siegte – er tötete den Löwen

Titus: „Ita est. Et ecce : In ea imagine Herculem et Augiam regem dicere
seht Bild dass Herkules und König Augias reden

videtis. Augias rex Herculi dixit :, Ades mihi , Hercules! Pater multos
sagte Hilf mir

tauros pulchros mihi reliquit . Sed multos annos stabulum intrare vix
Stiere hat mir … überlassen kann ich den Stall kaum

possum – propter magnam copiam fimi . Auxilium nondum inveni . Tu
betreten an Mist ich habe noch nicht … gefunden

10 iam multa claraque facta fecisti : Itaque age tauros e stabulo et purga
hast … gemacht treibe die Stiere dem Stall reinige

stabulum !'"
den Stall

Titus deutet auf ein zweites Bild, das Herkules zeigt, wie er durch einen Graben Wasser von
dem Fluss Alpheus abzweigt und in den Stall des Augias einleitet:

Titus: „Comprehendisne? Specta : Hercules primo tauros magna voce
Begreifst du Sieh hin zuerst die Stiere

e stabulo egit , tum ad Alpheum descendit . Ibi aquam a fluvio ad
dem Stall trieb ! stieg er … hinab dem Fluss

stabulum duxit . Comprehendistisne , amici? Hercules primo consilium
dem Stall leitete er Habt ihr verstanden zuerst

15 cepit , tum egit : Aquam in stabulum vertit , aquam multas horas per
fasste handelte er den Stall er leitete Stunden

stabulum misit – ita stabulum purgavit .“
den Stall er schickte reinigte er den Stall

Valerius: „Ah … verba tua me moverunt – et fabulam nunc tandem
haben mich bewegt die Geschichte

comprehendi : Hercules non tantum vi , sed ingenio vicit .“
ich habe … verstanden mit Kraft hat … gesiegt

Titus, Valerius und Numerius betreten nun die Basilika von Herkulaneum, die der Senator
Balbus mit prächtigen Bildwerken zum Leben des Herkules hat ausstatten lassen.

Amici in basilicam venerunt . Ibi sederunt et verba Titi audiverunt.
          die Basilika kamen   saßen sie

Titus: „Ecce imaginem , amici! Homines hic Herculem laudant:
          das Bild

,O Hercules, vir clarus es: Ad leonem venisti , eum vidisti et statim
                           du bist gekommen   du hast ... gesehen   du hast ... sofort

vicisti !'"
besiegt

5 Valerius: „Profecto Hercules venit, vidit, vicit – leonem interfecit ."
                           kam, sah und siegte   er tötete

Titus: „Ita est. Et ecce: In ea imagine Herculem et Augiam regem dicere
                  Bild

videtis. Augias rex Herculi dixit: ,Ades mihi, Hercules! Pater multos

tauros pulchros mihi reliquit . Sed multos annos stabulum intrare vix
Stiere   hat ... überlassen   den Stall betreten

possum – propter magnam copiam fimi . Auxilium nondum inveni . Tu
                         an Mist   ich habe ... gefunden

10 iam multa claraque facta fecisti : Itaque age tauros e stabulo et purga
                    hast gemacht   die Stiere dem Stall reinige

stabulum !'"
den Stall

Titus deutet auf ein zweites Bild, das Herkules zeigt, wie er durch einen Graben Wasser von
dem Fluss Alpheus abzweigt und in den Stall des Augias einleitet:

Titus: „ Comprehendisne ? Specta : Hercules primo tauros magna voce
    Begreifst du   Sieh hin   zuerst die Stiere

e stabulo egit , tum ad Alpheum descendit . Ibi aquam a fluvio ad
  dem Stall trieb   !   stieg er … hinab   dem Fluss

stabulum duxit. Comprehendistisne , amici? Hercules primo consilium
dem Stall   Habt ihr verstanden   zuerst

15 cepit , tum egit : Aquam in stabulum vertit , aquam multas horas per
  fasste   handelte er   den Stall er leitete   Stunden

stabulum misit – ita stabulum purgavit .“
den Stall   reinigte er den Stall

Valerius: „Ah … verba tua me moverunt – et fabulam nunc tandem
    haben mich bewegt   die Geschichte

comprehendi : Hercules non tantum vi , sed ingenio vicit .“
ich habe … verstanden   mit Kraft   hat … gesiegt

Titus erzählt weiter: Einmal hatte der König Eurystheus Angst, dass Herkules ihm die Herrschaft streitig machen werde ...

Eurystheus rex gaudebat , quod magnum imperium tenebat. Sed inge-
           freute sich   über die

nio   Herculis non gaudebat , immo ingenio eius laborabat . Quia gloriā
Begabung   freute er sich   er war im Gegenteil bedrückt   über den Ruhm
                                     wegen dessen Begabung

Herculis doluit , amicis dixit : „ Herculem occidere volo ; potestatem eius
       er ... traurig war   sagte er   Ich will, dass Herkules untergeht   seine

delere debeo.“
zerstören

5 Diu rex consilio carebat , tandem dolum invenit : Consilium cepit
       hatte ... keinen Plan   fand er eine List   er fasste

Herculem in pericula nova mittere; itaque dixit : „ Audi , Hercules! Vis ne
                           sprach er   Höre   Willst du

cunctis laboribus liber esse? Tum praesta mihi novum officium!“
von allen Arbeiten   erfülle mir

Eurystheus beauftragt Herkules, den Höllenhund Zerberus zu holen.

Hercules eo anno iam clarus erat; tamen regi paruit et nocte cum
       in diesem Jahr   gehorchte er   in der Nacht

Mercurio deo ad inferos descendit . Paulo post ad Plutonem venit .
             die Unterwelt stieg ... hinab   später   kam er

10 Is autem Herculem ab inferis prohibere voluit . Itaque Cerberum misit .
Dieser   der Unterwelt   wollte   schickte er

Etsi bestia   magnos   dentes ostendit   , Hercules liber a   timore   fuit:
Obwohl die Bestie   ihre … Zähne zeigte   Furcht

Cerberum non   interfecit   , sed   monstrum   in vincula dedit   et ex   inferis
         er tötete   !   fesselte   der Unterwelt

traxit   . Sic   se a periculo   servavit.   Prima luce   cum Cerbero ante
schleppte   sich vor der Gefahr   Bei Tagesanbruch

Eurystheum regem   stetit   . Statim   magni-
           stand er   Sofort

15   tudo Cerberi Eurystheum   terruit   – sed
                  erschreckte

eā horā   rex   comprehendit : Hercules
in dieser Stunde   begriff

cuncta   officia   praestare potest .
alle   kann … erfüllen

Titus erzählt weiter: Einmal hatte der König Eurystheus Angst, dass Herkules ihm die Herrschaft streitig machen werde …

Eurystheus rex gaudebat , quod magnum imperium tenebat. Sed inge-
freute sich   über die

nio   Herculis non gaudebat, immo ingenio eius laborabat . Quia gloriā
Begabung   er war im Gegenteil bedrückt   über den Ruhm
                                        wegen dessen Begabung

Herculis doluit   , amicis dixit: „Herculem occidere volo; potestatem eius
        er … traurig war   seine

delere   debeo.“
zerstören

5 Diu rex consilio carebat   , tandem dolum invenit : Consilium cepit
        hatte … keinen Plan   fand er eine List   er fasste

Herculem in pericula nova mittere; itaque dixit: „Audi, Hercules! Visne

cunctis laboribus liber esse? Tum praesta mihi novum officium!“
von allen Arbeiten

Eurystheus beauftragt Herkules, den Höllenhund Zerberus zu holen.

Hercules eo anno   iam clarus erat; tamen regi paruit et nocte   cum
         in diesem Jahr   in der Nacht

Mercurio deo ad inferos   descendit   . Paulo post ad Plutonem venit .
                die Unterwelt stieg … hinab   kam er

10 Is autem Herculem ab inferis   prohibere voluit. Itaque Cerberum misit.
                        der Unterwelt

Etsi bestia magnos dentes ostendit , Hercules liber a timore fuit:
Obwohl die Bestie   ihre ... Zähne zeigte

Cerberum non interfecit , sed monstrum in vincula dedit et ex inferis
     er tötete   !   fesselte   der Unterwelt

traxit. Sic se a periculo servavit. Prima luce cum Cerbero ante
     sich   Bei Tagesanbruch

Eurystheum regem stetit . Statim magni-
       stand er   Sofort

15 tudo Cerberi Eurystheum terruit – sed
       erschreckte

eā horā rex comprehendit : Hercules
in dieser Stunde   begriff

cuncta officia praestare potest.

Tag für Tag fürchten die Trojaner einen Großangriff der Griechen. Doch eines Morgens …

Subito	Troiani	virum	clamare	audiunt: „Venite	ad	muros	, Troiani !
Plötzlich	!		rufen	Kommt		den Mauern	!

Video	oram a Graecis vacuam esse	. Videte !	Graeci	non iam	adsunt.
	dass die Küste frei von Griechen ist	Seht !		nicht mehr	

Nonne	videtis	Graecos non iam adesse	? Puto	Graecos nunc	– decimo
etwa nicht		dass die Griechen nicht mehr da sind		dass die Griechen jetzt	im zehnten

belli	anno	– in patriam properare	. Certe	sciunt	Troianos semper victores
	Jahr	in ihre Heimat eilen	bestimmt		dass die Trojaner immer Sieger

5 | in bello esse | . Tandem pax est. Quin ad | oram | descenditis | ?" |
|---------------|----------------------------|------|-------------|-----|
| im Krieg sind | | der Küste | steigt ihr … hinab | |

Troiani	paulatim	ex urbe	cesserunt	et	oram	petiverunt. Paulo	post	in
!	allmählich		gingen		die Küste		später	

ora	constiterunt	.
der Küste	machten sie halt	

Dort sehen sie das verlassene Lager der Griechen und ein riesiges hölzernes Pferd. Einer der Trojaner ruft:

„Puto	Graecos nobis id donum pulchrum reliquisse	. Quin equum in
	dass die Griechen uns dieses schöne Geschenk zurückgelassen haben	

urbem trahimus?"	Subito	aliam vocem audiverunt: „Ei	monstro	urbem
	Plötzlich		!	

10 nostram intrare non licet!" Troiani animadverterunt Laocoontem, virum
       zu betreten   !   bemerkten, dass Laokoon, ein angesehener

honestum, ea verba dixisse . Laocoon: „ Nonne dolos et iniurias Graeco-
Mann, diese Worte gesagt hatte   etwa nicht Täuschungen   !

rum scitis? Timeo Graecos , etsi dona nobis relinquunt. Sentio in eo equo
               !   auch wenn Geschenke uns   dass in diesem Pferd

dolum latere ." Constat verba Laocoontis Troianos non movisse . Scimus eos
eine List verborgen ist   Es steht fest, dass die Worte des Laokoon die Trojaner   dass sie
                  nicht bewegt haben

equum in urbem traxisse . Nesciebant enim in equo viros Graecos latere .
das Pferd in ihre Stadt gezogen haben   dass in dem Pferd griechische Männer
                                       verborgen waren

Die griechischen Soldaten verließen nachts das Pferd, lockten mit Feuerzeichen ihre Lands-
leute herbei, die sich in der Nähe versteckt hielten, und öffneten die Stadttore. So schaff-
ten die Griechen das, was ihnen zehn Jahre lang nicht gelungen war: Sie eroberten Troja –
in einer einzigen Nacht!

Tag für Tag fürchten die Trojaner einen Großangriff der Griechen. Doch eines Morgens …

Subito   Troiani virum clamare audiunt: „Venite ad muros, Troiani !
Plötzlich   !   rufen   !

Video oram   a Graecis vacuam   esse. Videte! Graeci non iam   adsunt.
      die Küste   !   frei   !   nicht mehr   .

Nonne   videtis Graecos non iam   adesse? Puto Graecos nunc – decimo
etwa nicht   !   nicht mehr   !   im zehnten

belli anno   – in patriam properare . Certe   sciunt Troianos semper victores
     Jahr   eilen   bestimmt   !

5 in bello esse. Tandem pax est. Quin ad oram   descenditis   ?"
                                  der Küste   steigt ihr … hinab

Troiani paulatim   ex urbe cesserunt et oram   petiverunt. Paulo post in
   !   allmählich   die Küste

ora   constiterunt   .
der Küste   machten sie halt

Dort sehen sie das verlassene Lager der Griechen und ein riesiges hölzernes Pferd. Einer der Trojaner ruft:

„Puto Graecos nobis id donum pulchrum reliquisse   . Quin equum in
     dass die Griechen uns dieses schöne Geschenk zurückgelassen haben

urbem trahimus?" Subito   aliam vocem audiverunt: „Ei monstro urbem
             Plötzlich   !

10 nostram intrare non licet!" Troiani animadverterunt Laocoontem, virum
   zu betreten *!* *bemerkten, dass Laokoon, ein angesehener*

honestum, ea verba dixisse . Laocoon: „ Nonne dolos et iniurias Graeco-
Mann, diese Worte gesagt hatte *etwa nicht* *Täuschungen* *!*

rum scitis? Timeo Graecos , etsi dona nobis relinquunt. Sentio in eo equo
! *auch wenn* *Geschenke*

dolum latere ." Constat verba Laocoontis Troianos non movisse . Scimus eos
eine List verborgen ist *Es steht fest, dass die Worte des Laokoon die Trojaner nicht bewegt haben* *dass sie*

equum in urbem traxisse . Nesciebant enim in equo viros Graecos latere .
das Pferd in ihre Stadt gezogen haben *griechische* *verborgen waren*

Die griechischen Soldaten verließen nachts das Pferd, lockten mit Feuerzeichen ihre Lands-
leute herbei, die sich in der Nähe versteckt hielten, und öffneten die Stadttore. So schaff-
ten die Griechen das, was ihnen zehn Jahre lang nicht gelungen war: Sie eroberten Troja –
in einer einzigen Nacht!

Jupiter zeigt vom Himmel herab auf die nordafrikanische Stadt Karthago und beklagt vor dem Götterboten Merkur das merkwürdige Verhalten des Äneas und der Dido.

„ Ecce ! Dido diu urbem aedificiis et templis ornabat . Nunc autem neque
Sieh   mit Gebäuden   schmückte

aedificia neque cives curat . Aeneam amat. Itaque se tantum et Aeneam
Gebäude   sie sorgt … für   sich

curat . Salutem sibi tantum quaerit. Neque de officiis neque de civitate,
sie sorgt … für   für sich

sed de se et de magno amore suo narrat . Et vide Aeneam! Is non iam
     sich   sie erzählt   sieh   Er   nicht mehr

5 gladium secum habet, non iam de patria nova cogitat . Didonem semper
ein Schwert   bei sich   nicht mehr   er denkt

convenire, videre, audire desiderat .
     er sehnt sich danach

Etiam multi homines dicunt Aeneam et Didonem bene convenire .
     dass Äneas und Dido gut zusammenpassen

Regina existimat se maritum invenisse ; et Aeneas putat se apud eam
Die Königin   dass sie einen Ehemann gefunden habe   dass er bei ihr

manere posse . Nunc amore gaudent . Putant se sibi tantum et amori
bleiben könne   freuen sie sich über ihre Liebe   dass sie nur für sich und ihre Liebe

10 vivere posse . Puto te id scire : Vita ab offi-
leben könnten   dass du dies weißt

ciis libera non est. Descende de caelo et
     Steig … hinab

conveni Aeneam! Oportet eum ex Africa
suche ... auf dass er aus Afrika

discedere et reginam relinquere , oportet
weggeht und die Königin verlässt

eum amori finem facere . Aeneas enim of-
dass er die Liebe beendet

15 ficia sua praestare debet; Didonis autem
erfüllen

officium est nationem suam curare . Sic
Volk für ... zu sorgen

ego volo . Indica Aeneae summum deum
will ich es Melde dass der höchste Gott

te misisse !" Et Mercurius statim in fines
dich geschickt hat sofort

Carthaginis descendit .
stieg ... hinab

Merkur überbringt Äneas den Befehl des Göttervaters,
unverzüglich von Karthago abzureisen. Als Äneas auf-
bricht, stürzt Dido sich aus Kummer in ein Schwert.

Jupiter zeigt vom Himmel herab auf die nordafrikanische Stadt Karthago und beklagt vor dem Götterboten Merkur das merkwürdige Verhalten des Äneas und der Dido.

„Ecce! Dido diu urbem aedificiis et templis ornabat. Nunc autem neque
                          mit Gebäuden

aedificia neque cives curat. Aeneam amat. Itaque se tantum et Aeneam
für Gebäude

curat. Salutem sibi tantum quaerit. Neque de officiis neque de civitate,
                für sich

sed de se et de magno amore suo narrat. Et vide Aeneam! Is non iam
        sich   sie erzählt   nicht mehr

5 gladium secum habet, non iam de patria nova cogitat. Didonem semper
   ein Schwert bei sich   nicht mehr

convenire, videre, audire desiderat.
                          er sehnt sich danach

Etiam multi homines dicunt Aeneam et Didonem bene convenire.

Regina existimat se maritum invenisse; et Aeneas putat se apud eam
Die Königin   dass sie einen Ehemann gefunden habe   er

manere posse. Nunc amore gaudent. Putant se sibi tantum et amori
                  über ihre Liebe   sie für sich

10 vivere posse. Puto te id scire: Vita ab offi-
                    du

ciis libera non est. Descende de caelo et
                      Steig ... hinab

conveni Aeneam! Oportet eum ex Africa
er

discedere et reginam relinquere, oportet
die Königin

eum amori finem facere. Aeneas enim of-
er

15 ficia sua praestare debet; Didonis autem

officium est nationem suam curare. Sic
Volk

ego volo. Indica Aeneae summum deum
Melde dass der höchste Gott

te misisse !" Et Mercurius statim in fines
dich geschickt hat sofort

Carthaginis descendit .
stieg ... hinab

Merkur überbringt Äneas den Befehl des Göttervaters,
unverzüglich von Karthago abzureisen. Als Äneas auf-
bricht, stürzt Dido sich aus Kummer in ein Schwert.

Latini urbem **muniebant** et **fossas** altas **circum muros** ducebant, ut
! **befestigten** **Gräben** **um die Mauern herum**

Latinus rex **eis** **antea** imperaverat. Sed **Troiani** **fossas** superaverunt et **mox**
ihnen **vorher** **!** **die Gräben** **bald**

in **muris** urbis **steterunt** . Dum **Latini** iam **de salute desperant** , **subito**
den Mauern **standen** **!** **die Hoffnung auf Rettung aufgeben** **plötzlich**

vocem Turni audiunt: „ **Finite pugnam** , **Latini** ! **Speraveram nos Troianos**
Beendet den Kampf **!** **Ich hatte gehofft, dass wir die Trojaner**

5 **vincere posse** . Sed nunc ego **nationem** meam servare debeo. **Audi** ,
besiegen können **Volk** **Höre**

Troiane : **Demonstra** **audaciam** tuam et **pugna mecum** !" **Vix** ea verba
! **Zeige** **Kühnheit** **kämpfe mit mir** **Kaum**

dixerat , cum Aeneas de **muro** alto **descendit** et ad Turnum **properavit** .
hatte er … gesprochen **der … Mauer** **herabstieg** **eilte**

Der Zweikampf beginnt …

Profecto Aeneas Turnum **violavit** , quia ferrum **eius** in terram **ceciderat** .
Tatsächlich **verwundete** **dessen** **gefallen war**

Tamen Turnus Aeneae diu non **cessit** . Paulo **post** **Latini** **animadverte-**
gab … nach **später** **!** **bemerkten**

10 **runt** **ducem in terra iacere** . **Is non iam surrexit** , sed Aeneam **adoravit** :
dass ihr Anführer auf dem Boden lag **Er stand nicht mehr auf** **er flehte … an**

„Antea ego semper victor fueram, nunc tu victor es: Impera tu Italiae!
Früher   war ... gewesen   Herrsche ... über

Me caedere tibi licet. Sed
mich zu töten dir

rogo te : Dona mihi
dich   Schenke mir

vitam! Veniam a te peto.“
       Gnade   dir

15

Aeneas quidem Turno

veniam non dedit, sed
Gnade   gewährte

eum occidit.
tötete ihn

Turnus hatte nämlich einst Pallas,
einen Freund des Äneas, getötet.
Nun übte Äneas grausame Rache.

Latini urbem muniebant et fossas altas circum muros ducebant, ut
! · · · befestigten · · Gräben · · · um … herum

Latinus rex eis antea imperaverat. Sed Troiani fossas superaverunt et mox
· · · · · · · · · · · · · · · · · · · ! · · die Gräben · · · · · · · · · · bald

in muris urbis steterunt. Dum Latini iam de salute desperant, subito
· · · · · · · · standen · · · · · · · ! · · · die Hoffnung auf Rettung aufgeben · plötzlich

vocem Turni audiunt: „Finite pugnam, Latini! Speraveram nos Troianos
· · · · · · · · · · · · · Beendet · · · · · ! · · · · · · · · · · !

5 vincere posse. Sed nunc ego nationem meam servare debeo. Audi,

Troiane: Demonstra audaciam tuam et pugna mecum!" Vix ea verba
· · · · ! · · · Zeige

dixerat, cum Aeneas de muro alto descendit et ad Turnum properavit.
· · · · · · · · · · · · · · · · · · · herabstieg · · · · · · · · · · eilte

Der Zweikampf beginnt …

Profecto Aeneas Turnum violavit, quia ferrum eius in terram ceciderat.
· · · · · · · · · · · · · verwundete · · · · · · · · dessen · · · · · · gefallen war

Tamen Turnus Aeneae diu non cessit. Paulo post Latini animadverte-
· später · · ! · · bemerkten

10 runt ducem in terra iacere. Is non iam surrexit, sed Aeneam adoravit:
· · · · · · · · · · · · · · · · · · · nicht mehr · stand auf · · · · · · · · er flehte … an